OBSOLETE

Empire Gardens
1060 E. Empire St.
San Jose, CA 95112

HOUGHTON MIFFLIN

Lectura

★ California ★

Seamos amigos

Autores principales
Principal Authors

Dolores Beltrán
Gilbert G. García

Autores de consulta
Consulting Authors

J. David Cooper
John J. Pikulski
Sheila W. Valencia

Asesores
Consultants

Yanitzia Canetti
Claude N. Goldenberg
Concepción D. Guerra

HOUGHTON MIFFLIN *Lectura* Herencia y futuro

HOUGHTON MIFFLIN

BOSTON

Front cover and title page photography by Tony Scarpetta.

Front and back cover illustrations by Anna Rich.

Acknowledgments begin on page 163.

Printed in the U.S.A.

ISBN: 0-618-23861-1

8 9-VH-11 10 09 08 07 0 05 04 03

¡A nuestro alrededor! 12

Superlibro: **Pearl y su planta premiada**
por A. Delaney

ficción

relato fantástico

Biblioteca fonética:
¡Qué maravilla!
Cállate, Loro Pillo
El gato de Paco

4

¡Adelante!
Libros de práctica

Una tarde de otoño
por James M. Pare

La cosecha
por Irma Singer

Ese cómico animalito marino
por Kristen Keating

Libros del tema

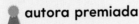

La ciudad
por María Rius
ilustrado por Josep María Parramón

El premio
por María Puncel
ilustrado por Ulises Wensell

 **autora premiada**

Gato Guille y los monstruos
por Rocío Martínez

Familiares y amigos 84

Superlibro: El código secreto
por Dana Meachen Rau
ilustrado por Bari Weissman

ficción
realista

ficción
realista

Biblioteca fonética:
¡Qué risa!
Homero y Zarina
¡Hola, Lola!

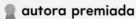

¡Adelante!
Libros de práctica

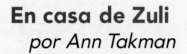

La carrera
por Naomi Parker

En casa de Zuli
por Ann Takman

Toca el xilófono, Wili
por Dan McDaniel

Libros del tema

¡Vas a llegar tarde!
por Ares Torres
ilustrado por Michael Ramirez

Bernardo y Canelo
por Fernando Krahn

libro premiado

Una familia de pingüinos
por Concha López Narváez
ilustrado por Rafael Salmerón

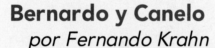

Para más información sobre buenos libros, visita Education Place.

www.eduplace.com/kids

¡A nuestro alrededor!

En voz alta

Luna lunera

Luna lunera,
cascabelera,
toma un centavo
para canela.

Luna lunera,
cascabelera,
debajo de la cama
tienes la cena.

canción tradicional

13

Desarrollar conceptos

En voz alta

Del frío al sol

escrito por Michael Medearis

Del frío al sol

Palabras importantes

frío	mucho
tarde	agacha
sol	otoño
viento	niño
porque	debajo
noche	aleja
muchacho	

Es otoño.

El viento corre.

El muchacho se pone su gorro.

¡Qué frío!

Un ave pica mucho debajo
de una rama.

El sol se va porque es tarde.

El niño ayuda a su papá.

Un mapache se aleja y se agacha.

En un rato, es de noche.

Conozcamos al autor
Michael Medearis

16

Del frío al sol

escrito por Michael Medearis

Es otoño. El viento corre.
Pero hoy se ve el sol.

El muchacho barre en su casa.
Usa una camisa roja.

El ave se aleja.
Un animalito come y come.

Casi es de noche. Todo se ve frío.

La osa se agacha y reposa.
¿Cómo reposa una osa?

Copo a copo, se tapa cada abeto.
Y copo a copo, se tapa cada techo.

El niño le puso un paño
rojo a su muñeco.
¿Qué le mete debajo del ojo?

¿Y qué le pone ese chico a su muñeco?
Le pone su gorro.

La muchacha no se moja porque se tapa.
¿Con qué se tapa la muchacha?

El ave usa su pico y saca un gusano.
El niño usa su dedo.
¿Y qué saca el muchacho?

Es tarde.

La niña se agacha y toca cada pétalo.

¡Qué día más bonito! El frío se fue.

Un chorro moja al niño.
El sol lo ilumina.

A Tico no le gusta el sol.
Por eso usa su abanico.

Beni camina con su cajita roja.

Beni pasa un sábado con su papá.
¡Jala la caña, Papá! ¡Jala, Beni!

Piensa en el cuento

Del frío al sol

escrito por Michael Medearis

 1 ¿Cómo se preparan los animales para cada estación?

 2 ¿Qué cosas hacen las personas en cada estación? ¿Por qué?

3 ¿Qué ocurre durante cada estación en donde vives tú?

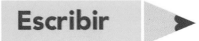

Escribir

Escribe una oración

Escribe una oración sobre
tu estación favorita.

¡Que llueva! ¡Que llueva!
Los pajaritos cantan.
Las nubes se levantan.

de la canción tradicional

36

En la nieve podemos jugar,
hacer muñecos y
¡resbalar!

por Olga Duque

37

En voz alta

Amigo L

escrito e ilustrado
por Francisco Mora

Amigo L

Estándares

Lectura

Combinar sonidos
para leer palabras

Leer palabras
comunes

Hacer predicciones

Palabras importantes

tiempo	papel	demora
vamos	favorita	llama
contento	cara	llevaba
leer	babero	chilla
quién	oreja	

Oreja Roja se puso a leer un
papel: "Come tu comida favorita
en casa de Amigo L."
Oreja Roja puso cara de contento.

Oreja Roja llama a Barriga Rosada.
—Vamos. Es en poco tiempo —le dijo—.
Pero, ¿quién es Amigo L?

Barriga Rosada llevaba su babero.
Oreja Roja llama pero L no se asoma.
—Se demora mucho —chilla Barriga
Rosada.

Conozcamos al autor e ilustrador
Francisco Mora

Amigo L

escrito e ilustrado
por Francisco Mora

La gallina Picolina agarra un papel.

Oreja Roja agarra un papel.

Barriga Rosada agarra un papel.
Y se pone a leer boca arriba.

45

—¿Vamos a las ocho?

—¿Pero quién es Amigo L?

La gallina se arrima y señala una nota.

—Es la casa de Amigo L.

Cada uno llevaba un babero.

Oreja Roja se relame.

Barriga Rosada va a su silla.

¡La comida se demora mucho tiempo!
Oreja Roja llama a Amigo L.

Amigo L se asoma con cara
de contento.

—¿Ése es Amigo L? —chilla la gallina—.
¿La L es de lobo?

—¡Me come! —chilla Barriga Rosada—.
¡Qué malo!

—¿Malo yo? De eso, nada.
Yo sólo como patata asada.

—¡Qué rico! —se relame Picolina—.
¡La patata es mi comida favorita!

Piensa en el cuento

1 ¿Por qué envió una invitación Amigo L?

2 ¿Cómo se sintieron los animales cuando descubrieron quién era Amigo L? ¿Por qué?

3 ¿Qué harías tú si recibieras una invitación de Amigo L?

Haz una lista

Haz una lista de otras comidas que
Amigo L podría servir en la cena.
Usa tu lista para hacer un menú
de comidas.

57

¿Por qué el huevo cruzó
rápido la calle?

No quería que lo hicieran tortilla.

¿Qué hace el pato después de cenar?

¡Nada!

¿Cuál es el apellido de este oso?

¡Resbaloso!

¿Qué les ponen a las hamburguesas para que bailen?

¡Les ponen salsa!

Desarrollar conceptos

¡Qué recorrido!

fotografías de Norbert Wu
y Michael Justice

¡Qué recorrido!

Estándares

Lectura

Combinar sonidos para leer palabras

Leer palabras comunes

Clasificar palabras por categorías

Palabras importantes

lindo	cena
largo	pececito
trabajo	parece
ya	gira
rayo	ligero
vaya	

¿A qué animalito se parece?

Mira cómo gira su ojo.

¡Vaya, qué cómico!

Un bote tira una malla.

Es el trabajo de cada día.

¿Qué cena ese animalito colorado?

¡Ya sé! Cena un pececito.

Uno es chico y lindo.

El otro es largo y ligero como un rayo.

Conozcamos al fotógrafo
Norbert Wu

¡Qué recorrido!

fotografías de Norbert Wu
y Michael Justice

¡Apúrate! ¡Ya se va el bote!
¡Vamos a un lindo y largo recorrido!

¡Mójate! ¡Tírate del bote!
¡Nada rápido! ¡Nada rápido!

Su ojo es chico...
¡pero mira qué boca!

Su aleta parece un rayo luminoso.
¡Y mira qué bonita cola rayada!

Con su pata pica y es duro.
¡Y mira qué cómico camina!

Va por la arena.
Pero, ¿qué cena?
¡Un caracolito amarillo!

¡Qué ligero nada!
Parece que no pasa trabajo.

71

La ballena come,
¡pero no se llena!

comida de ballena

¿Qué es ese pececito?
¡Vaya, parece un tapete!

Es un pececito raro y filoso.
¡Que no te agarre!

Cada pececito gira y nada.
Es su trabajo.
Así es como come y vive.

¡Apúrate! El bote ya se va.

Y colorado, colorido,
¡se acabó el recorrido!

Reacción

En voz alta

Piensa en el cuento

¡Qué recorrido!
fotografías de Norbert Wu
y Michael Justice

1 ¿En qué se diferencian los peces del cuento?

2 ¿Acerca de cuál pez te gustaría aprender más? ¿Por qué?

3 ¿Te gustaría hacer un recorrido como éste? ¿Por qué?

Escribe una oración

Escribe una oración acerca de tu parte favorita del cuento.

Me gusta la ballena que no se llena.

En el agua clara

En el agua clara
donde está la fuente
lindos pececitos
salen de repente.

Lindos pececitos,
si quieren jugar,
todos mis juguetes
se los voy a dar.

canción tradicional latinoamericana

82

83

Familiares y amigos

En voz alta

Mi familia es
   muy hermosa
y a todos los
   quiero igual:
mis papás, mi tía Rosa
y mi hermanito Julián.
Yo me siento orgullosa
de mi familia
   tan especial.

por Nancy García

Desarrollar conceptos

En voz alta

Foto de familia

Foto de familia

Palabras importantes

nombre	quedó
pues	sigue
hermano	guiñe
familia	amiguito
pequeña	guiso
qué	

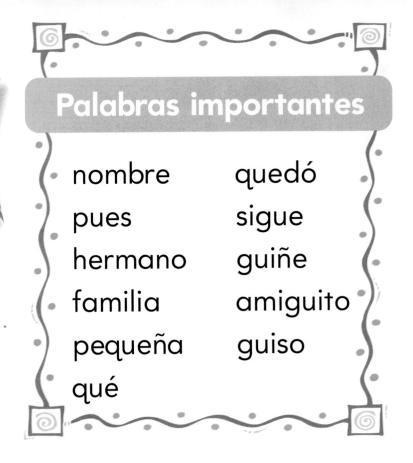

Mi nombre es Queti.

Mira una foto de mi familia.

¡Qué bonito quedó mi
hermano Migue!

Papá me pasa la mano, pues es cariñoso.

Mamá me guiñe un ojo.

Ella cocina un guiso fabuloso.

Yo tengo una perrita pequeña.

Mi amiguito, el gato, sigue al pajarito.

Conozcamos
a la autora
Sheila Kelly

Conozcamos a la
autora y fotógrafa
Shelley Rotner

Foto de familia

escrito por
Sheila Kelly
y Shelley Rotner

fotografías de
Shelley Rotner

¿Cómo queda cada uno en la foto?
¡Echa una mirada!

La niña se sube y guiñe un ojo.

Mamá la sigue y le toma una foto.

Mira una familia numerosa.
Mira una familia pequeña y cariñosa.

En la foto están Papá, Mamá,
el bebé y su hermano.
¡Qué bonita quedó la foto!

¡Qué cariñoso es Papá!

¡Qué cariñosa es Mamá!

¡Qué maravillosa es la familia!

Cada amiguito lleva un gatito.

¿Y qué lleva Miguelito?

El gato de Niqui es casi de la familia.

El perro de Miqui la sigue por el camino.

97

La niña usa una pala pequeñita.
Su nombre es bonito.
¡Ella se llama Paquita!

—El que llegue a la meta,
gana —dice Mamá.
Ceci sigue el paso.
Pero Migue se apura.

Papá cocinó un guiso en la parrilla.
Roque le pasa el queso a Guille.

Jugué con Papá y Mamá pues era una
mañana maravillosa.
¡Qué bonita quedó la pelota en la foto!

Una foto queda para toda la vida...

¡como el cariño de la familia!

Reacción

En voz alta

Piensa en el cuento

Foto de familia

1 ¿En qué se parecen las familias?

2 ¿En qué se diferencian?

3 ¿Hace tu familia alguna de las cosas del cuento? ¿Cuáles?

104

Haz una lista

Haz una lista de cosas que a las personas les gusta hacer en familia.

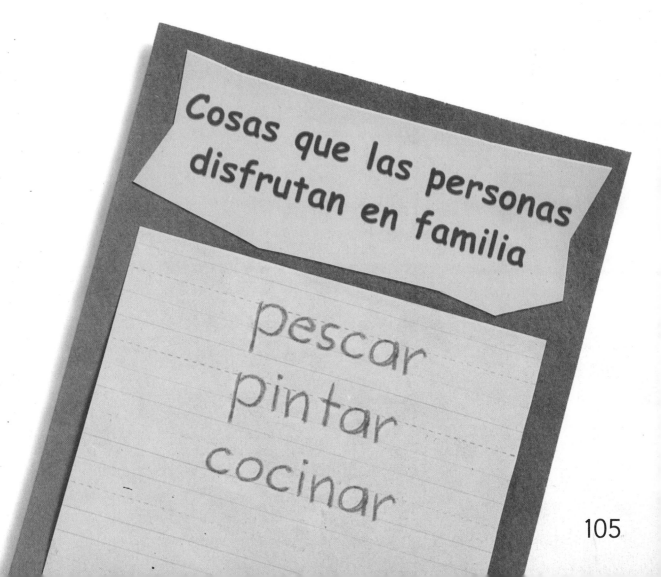

Cosas que las personas disfrutan en familia

pescar
pintar
cocinar

105

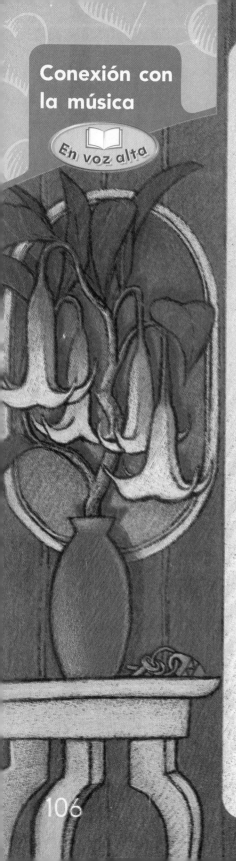

Arrurrú, mi niña

Arrurrú, mi niña,
arrurrú, mi amor.
Duérmete pedazo
de mi corazón.

Esta niña linda
que nació de día
quiere que la lleven
a la dulcería.

Esta niña hermosa
que nació de noche
quiere que la lleven
a pasear en coche.

canción tradicional española

En voz alta

El loro Zalamero

escrito e ilustrado
por Anna Rich

El loro Zalamero

Estándares

Lectura

Combinar sonidos
para leer palabras

Leer palabras
comunes

Aplicar
conocimientos
previos

Palabras importantes

duermen	zapatero
salta	goza
truco	hizo
diez	hola
feliz	hoja
hablar	hace
Zulima	hora
Zalamero	habilidoso
zapato	hilera

El loro de mi amiga
Zulima se llama Zalamero.
Es habilidoso. Salta y se
pone en hilera.

Zulima es feliz con su loro.
Yo le anoté en una hoja:

Hola, Zulima. ¿Qué
truco sabe tu loro?

Zulima me hizo una nota:

No sabe un truco, sino diez.
Goza con cada uno. ¡Y sabe
hablar! Dice: "Zapatero a su
zapato". Hace de todo a toda
hora. ¡En casa no duermen!

Conozcamos a la autora e ilustradora
Anna Rich

El loro Zalamero

escrito e ilustrado
por Anna Rich

Zita es la mejor amiga de Zulima.
El loro de Zulima se llama Zalamero.

Zalamero sabe hablar.

Dice: "¡Hola!"

Zita ve una hoja de papel en el muro.
—¡Mira, Zulima! —dice Zita.

¡El mejor
animalito
gana!

Sábado
a las doce

—Lleva a Zalamero. Seguro que gana —la anima Zita.

—¿Qué hará Zalamero?
—dice Zulima.

—¡Ya sé! —dice Zita—.
Zalamero se sabe un truco lindo.

Llega el sábado. A las diez, cada
niño lleva su animalito favorito.

Helena dice: —¡Mira qué maravilla!
Una rana salta y dos duermen.
Pero eso no es maravilloso.

Zavi dice: —¡Mira qué maravilla!
Mi perro Zafiro es habilidoso para
la música.

Cada animalito de la hilera
hace su maroma.
Ahora le toca a Zalamero.

Zalamero se para con Zulima.

—¡Hola! —dice Zalamero.

—¿Quién es? —dice Zulima.

—El ZA —dice Zalamero.
—¿El ZA qué? —dice Zulima.

—El ZApato del zapatero
—dice Zalamero.

¡Qué risa!

—¡El loro Zalamero es el mero mero! —dice Helena.

Zita está feliz. Zulima está feliz.

Zalamero goza. ¡Zalamero gana!

¡Y eso sí es maravilloso!

En voz alta

Piensa en el cuento

El loro Zalamero
escrito e ilustrado
por Anna Rich

1 ¿Por qué crees que las niñas llevaron a Zalamero al concurso?

2 ¿Crees que Zalamero hizo el mejor truco? ¿Por qué?

3 ¿Qué le enseñarías a Zalamero para el concurso?

Escribir ▶

Escribe una descripción

Escribe una descripción de tu personaje favorito del cuento.

Zalamero es el mejor.

Tun-tun

—¿Quién es?

—Soy yo, Telo.

—¿Qué Telo?

—Te lo digo luego.

Tun-tun
—¿Quién es?
—Soy yo, Yate.
—¿Qué Yate?
—Ya te lo dije.

131

Desarrollar conceptos

¡No se hace, Máximo!

escrito por G. Brian Karas
ilustrado por Clive Scruton

¡No se hace, Máximo!

Estándares

Lectura

Combinar sonidos
para leer palabras

Leer palabras
comunes

Usar contexto
para comprender

Palabras importantes

escuela	él
fin	Máximo
primera	Kiko
libro	Wili

Mi nombre es Wili. Máximo es
mi perro. Mi gatito se llama Kiko.
En la escuela tengo un libro con
un perro como Máximo en la
primera hoja.

¿Te digo qué hizo Máximo?
¡Por poco daña el carro de Mamá!
Yo no me enojé con él.
Sólo le pasé un paño al carro.

—¡Máximo, eso no se hace! —le dije.
Y por fin Máximo hizo lo que le pedí.

Conozcamos al autor
G. Brian Karas

Conozcamos al ilustrador
Clive Scruton

134

¡No se hace, Máximo!

escrito por G. Brian Karas

ilustrado por Clive Scruton

Wili llega de la escuela.
A menudo su perro Máximo
o su gatito Kiko lo recibe.

136

Pero hoy Máximo no lo recibe.
¡Qué raro!

—¿Y Máximo, Mamá? —dice Wili.

—Hace rato que no sé nada de él —dice Mamá.

—¿Se hizo daño mi perro?
—dice Wili.
—Seguro que no —dice Mamá.

Wili se mete en el carro.
—No, Wili —dice Mamá—.
Camina por la acera.

Wili camina con su mamá. Kiko lo sigue.

—Paco, ¿por aquí pasó mi perro?

—dice Wili.

—No, Wili, tu perro no ha pasado
por aquí —dice Paco—.
Pero seguro que Kitona sabe.

—Kitona, ¿por aquí pasó
mi perro? —dice Wili.

—No, Wili, tu perro no ha pasado
por aquí —dice Kitona—.
Pero seguro que Yeyo sabe.

Wili oye un corre-corre.

—Apúrate, Mamá. ¡Máximo está
por aquí!

Máximo corre de lado a lado.
Máximo deja todo regado.
Y Yeyo ya está enojado.

¿Qué ha pasado?
—¡Párate, perrito!
—le dice Yeyo agotado.

—¡Máximo, Máximo, por fin te hallé!
—dice Wili y le pasa la mano.

—Yo te ayudo, Mamá —dice Wili.
En un rato todo queda bonito.

—Toma, un libro para ti.
En la primera página hice un
dibujo de Máximo —dice Yeyo.
—¡Maravilloso! —dice Wili—.
Un libro es mi regalo favorito.

Piensa en el cuento

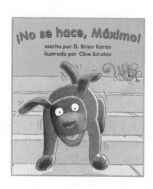

¡No se hace, Máximo!
escrito por G. Brian Karas
ilustrado por Clive Scruton

1 ¿Por qué Máximo no recibió a Wili?

2 ¿Cómo supo Wili dónde estaba Máximo?

3 ¿Qué le dirías a Máximo?

Escribe una oración

Escribe una regla para educar a Máximo.

Conexión con la poesía

En voz alta

154

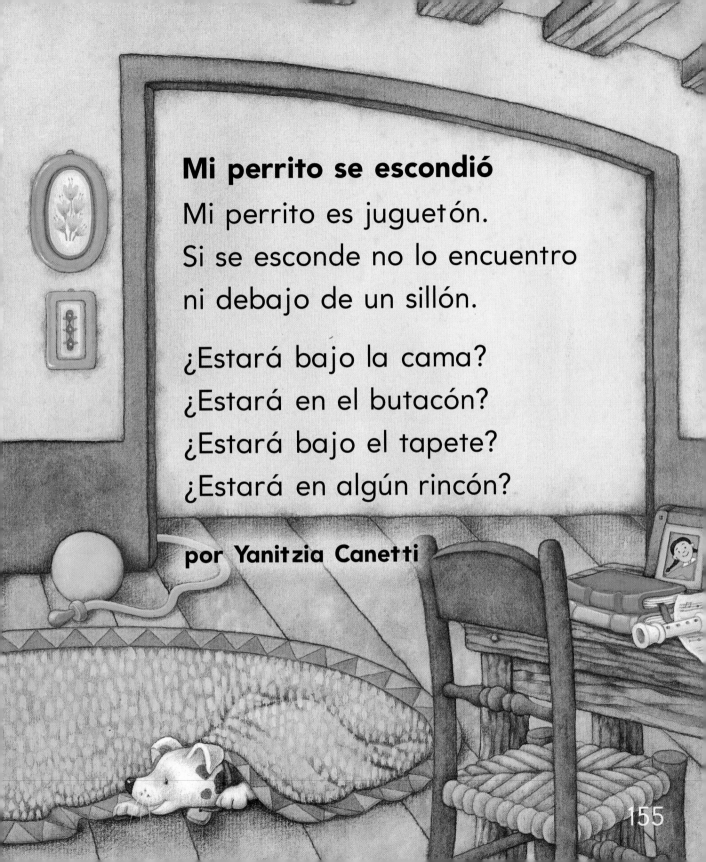

Mi perrito se escondió

Mi perrito es juguetón.
Si se esconde no lo encuentro
ni debajo de un sillón.

¿Estará bajo la cama?
¿Estará en el butacón?
¿Estará bajo el tapete?
¿Estará en algún rincón?

por Yanitzia Canetti

155

Del frío al sol

PALABRAS DESCIFRABLES

Destrezas clave:

ch, ñ, j + vocal

agacha, aleja, cajita, caña, chico, chorro, debajo, jala, moja, muchacha, muchacho, muñeco, niña, niño, noche, ojo, otoño, paño, roja, rojo, techo

Palabras con destrezas enseñadas previamente:

a, abanico, abeto, animalito, ave, barre, Beni, bonito, cada, camina, camisa, casa, casi, come, cómo, copo, corre, de, dedo, ese, eso, gorro, gusano, ilumina, la, le, lo, mete, no, osa, papá, pasa, pétalo, pico, pone, puso, reposa, sábado, saca, se, su, tapa, Tico, toca, todo, una, usa, ve, y

DESTREZAS UTILIZADAS EN LAS PALABRAS DEL CUENTO: *m, p, s, t* + vocal; *ca, co; n, b, l, r, rr* + vocal; *ga, go, gu; d, v* + vocal

PALABRAS DE USO FRECUENTE

Nuevas

frío, porque, sol, tarde, viento

Enseñadas previamente

al, con, del, día, el, en, es, fue, gusta, hoy, más, pero, por, qué, un

Amigo L

Destrezas clave:

ll, r medial + vocal

babero, cara, chilla, demora, favorita, gallina, llama, llevaba, oreja, pero, silla

Palabras con destrezas enseñadas previamente:

a, agarra, amigo, arriba, arrima, asada, asoma, barriga, boca, cada, casa, come, comida, como, de, ése, eso, L, la, lobo, malo, me, mi, mucho, nada, nota, ocho, patata, Picolina, pone, R, relame, rico, roja, rosada, se, señala, sólo, su, una, uno, va, y

DESTREZAS UTILIZADAS EN LAS PALABRAS DEL CUENTO: *m, p, s, t* + vocal; *ca, co; n, b, l, f, r, rr* + vocal; *ga, go; d, v, ch, ñ, j* + vocal

Nuevas

contento, leer, papel, quién, tiempo, vamos

Enseñadas previamente

con, en, es, las, qué, un, yo

158

¡Qué recorrido!

Destrezas clave:

ce, ci; ge, gi; y + vocal

cena, gira, ligero, parece, pececito, rayada, rayo, vaya, ya

Palabras con destrezas enseñadas previamente:

a, acabó, agarre, aleta, amarillo, apúrate, arena, así, ballena, boca, bonita, bote, cada, camina, caracolito, cola, colorado, colorido, come, cómico, comida, como, chico, de, duro, ese, filoso, la, luminoso, llena, mira, mójate, nada, no, ojo, pasa, pata, pero, pica, rápido, raro, recorrido, se, su, tapete, te, tírate, va, vive, y

DESTREZAS UTILIZADAS EN LAS PALABRAS DEL CUENTO: *m, p, s, t* + vocal; *ca, co; n, b, l, f, r, rr* + vocal; *ga; d, v, ch, j, ll, r* medial + vocal

Nuevos

largo, lindo, trabajo

Enseñadas previamente

con, del, el, es, por, que, qué, un, vamos

Foto de familia

Destrezas clave:

que, qui; gue, gui

amiguito, Guille, guiñe, guiso, jugué, llegue, Migue, Miguelito, Miqui, Niqui, Paquita, pequeña, pequeñita, que, qué, queda, quedó, queso, Roque

Palabras con destrezas enseñadas previamente:

a, apura, bebé, bonita, bonito, cada, camino, cariño, cariñosa, cariñoso, casi, Ceci, cocinó, como, cómo, de, dice, echa, ella, era, foto, gana, gatito, gato, la, le, llama, lleva, Mamá, mañana, maravillosa, meta, mira, mirada, niña, numerosa, ojo, pala, Papá, para, parrilla, pasa, paso, pelota, pero, perro, se, su, sube, toda, toma, una, uno, usa, vida, y

DESTREZAS UTILIZADAS EN LAS PALABRAS DEL CUENTO: *m, p, s, t* + vocal; *ca, co; n, b, l, f, rr* + vocal; *ga; d, v, ch, ñ, j, ll, r* medial + vocal; *ce, ci*

Nuevas

familia, hermano, nombre, pues

Enseñadas previamente

con, el, en, es, está, por, un

El loro Zalamero

Destrezas clave:

z, h + vocal

ahora, goza, habilidoso, hace, hará, Helena, hilera, hoja, hola, za, Zafiro, Zalamero, zapatero, zapato, Zavi, Zita, Zulima

Palabras con destrezas enseñadas previamente:

a, amiga, anima, animalito, cada, de, dice, doce, eso, favorito, gana, la, le, loro, llama, llega, lleva, maravilla, maravilloso, maroma, mero, mi, mira, muro, música, niño, no, para, pero, perro, que, qué, rana, risa, sábado, sabe, se, sé, seguro, sí, su, toca, una, ve, y, ya

DESTREZAS UTILIZADAS EN LAS PALABRAS DEL CUENTO: *m, p, s, t* + vocal; *ca; n, b, l, f, r, rr* + vocal; *ga, go, gu; d, v, ñ, j, ll, r* medial + vocal; *ce;* *y* + vocal; *que*

160

El loro Zalamero continuación

Nuevas

diez, duermen, feliz, hablar, salta, truco

Enseñadas previamente

con, del, dos, el, en, es, está, las, lindo, mejor, papel, quién, un

¡No se hace, Máximo!

Destrezas clave:

k, x, w + vocal

Kiko, Kitona, Máximo, Wili

Palabras con destrezas enseñadas previamente:

a, acera, agotado, apúrate, aquí, ayudo, bonito, camina, carro, corre, daño, de, deja, dibujo, dice, enojado, favorito, gatito, ha, hace, hallé, hice, hizo, la, lado, le, lo, llega, Mamá, mano, maravilloso, menudo, mete, mi, nada, no, o, oye, Paco, página, para, párate, pasa, pasado, pasó, pero, perrito, perro, que, qué, queda, raro, rato, recibe, regado, regalo, sabe, se, sé, seguro, sigue, su, te, todo, toma, tu, y, ya, Yeyo, yo

DESTREZAS UTILIZADAS EN LAS PALABRAS DEL CUENTO: *m, p, s, t* + vocal; *ca, co; n, b, l, f, r, rr* + vocal; *ga, go, gu; ñ, j, ll, r* medial + vocal; *ce, ci; y* + vocal; *que*

Nuevas

él, escuela, fin, libro, primera

Enseñadas previamente

con, el, en, es, está, hoy, por, un

PALABRAS DE USO FRECUENTE ENSEÑADAS HASTA AHORA

al	feliz	porque
amigo	fin	primera
ayuda	frío	pues
bien	fue	que
cinco	grande	qué
con	gusta	quién
contento	hablar	salta
cuatro	hermano	sí
de	hoy	sienta
debajo	la	sol
del	largo	tarde
día	le	tengo
diez	leer	tiempo
dos	libro	tiene
duermen	lindo	trabajo
el	más	tres
él	mejor	truco
en	nombre	un
es	otra	vamos
escuela	otro	viento
esta	papel	yo
está	pero	
familia	por	

Destrezas de descifrar utilizadas hasta ahora: m, p, s, t + vocal; ca, co, cu; n, b, l, f, r, rr + vocal; ga, go, gu; ch, ñ, j, ll, r medial + vocal; ce, ci; ge, gi; y + vocal; que, qui; gue, gui; z, h, k, x, w + vocal

Credits

Photography

3 (t) Ross Hamilton/Getty Images. **7** (t) © 2002 PhotoDisc, Inc. **12** (icon) Ross Hamilton/Getty Images. **16** Andrew Yates/Mercury Pictures. **17** Richard Price/Getty Images. **18** Donna Day/Getty Images. **19** Mitch York/Getty Images. **20** (t) Tim Davis/Getty Images. (b) Daniel Cox/Getty Images. **21** R.G.K. Photography/Getty Images. **22** John Warden/Getty Images. **23** Rob Casey/Getty Images. **24** Lori Adamski Peek/Getty Images. **25** Rommel/MASTERFILE. **26** Rommel/ MASTERFILE. **27** (l) Jack Wilburn/Animals Animals. (r) Ted Levine/Animals Animals/Earth Scenes. **28** Chad Ehlers/Getty Images. **29** Michael Agliolo/International Stock. **30** Gene Peach Photography/Liaison Agency. **32** Corbis Royalty Free. **33** Mug Shots/Corbis Stock Market. **40** Courtesy Francisco Mora. **62** Norbert Wu Productions. **66-80** Norbert Wu Productions. **70** (shell) © 2002 PhotoDisc, Inc.. **84** (icon) © 2002 PhotoDisc, Inc.. **88** (t) © Shelly Rotner. (b) © Emily Calcagnino. **89–104** © Shelly Rotner. **110** Mike Tamborrino/Mercury Pictures. **128** © 2002 PhotoDisc, Inc.. **134** (t) Jon Crispin/Mercury Pictures. (b) Steve Benbow/Mercury Pictures. **152** © 2002 PhotoDisc, Inc..

Assignment Photography

13, 34–5, 56–7, 81, 84–5, 105, 129, 153 David Bradley Photographer. **31, 63–5, 78–9** Michael Justice/Mercury Pictures.

Illustration

12–13 Chris Butler. **14–35** (bkgd) Linda Helton. **36–37** Bonnie MacKain. **38–55** Francisco X. Mora. **58–59** Vince Andriani. **60–79** Franklin Hammond. **82–83** Tomohiro Kikuchi. **86–87** Ruth Flanigan. **106–107** Siri Weber Feeney. **108–127** Anna Rich. **130–131** Tim Haggerty. **132–151** Clive Scruton. **154–155** Martha Aviles.

163